THÈSE

DE

LICENCE.

ACTE PUBLIC

POUR

LA LICENCE

En exécution de l'Article 4, Titre 2, de la Loi du 22 Ventôse an XII.

SOUTENU

Par M. DOAT (Gaston),

Né à Perchède (Gers).

TOULOUSE,

Typographie Troyes OUVRIERS REUNIS,
Rue Saint-Pantaléon, 3.

1860.

A LA MÉMOIRE DE MOM GRAND-PÈRE !

———

A MES-GRAND-MÈRES.

———

A MON PÈRE, A MA MÈRE,

Hommage de la plus tendre affection.

———

A TOUS CEUX QUE J'AIME.

Jus Romanum.

Pro socio.

Dig. Lib. XVII, Tit. II. — Instit. Just. Lib. III. Tit. XXV.

Definitio societatis contractûs.

Societas est contractus solo consensu constans, de re vel operis ex honestâ causâ communicandis, lucri in commune faciendi gratiâ.

Bona fides contrahentium ad contractûs societatis validitatem exigitur, nam ad societatis contractûs *substantiam* requiritur : ut bonâ fide contracta sit. Itaque si societas vel dolo vel fraudandi causâ facta sit, ipso jure solvitur.

Item ad societatis contractûs substantiam requiritur ut : aliquid in societate singuli contrahentes afferre debeant ; nisi quid ab utroque in commune conferatur, societas non intelligitur. Sed necesse non est unumquemque aliquid ejusdem generis vel eamdem rem conferre.

servanda erit. At, si partes expressæ non sint, id tacitè actum intelligitur, ut æquales sint. Attamen si de lucri damnique partibus convenerint socii, conventionem sequi debeint. Si in solo lucro vel in solo damno pars expressa fuerit, et in alterá omissa causá, in eo quoque quod prætermissum est, eamdem partem servari, expeditum est (1).

Procul dubiò quidquid convenire volunt sociis licet, et etiam stipulari, ut qui lucri partem ferat damno non teneatur. Nulla verò esset societas, in quá ex conventione unus sociorum nullum lucrum ferre deberet; hæc societas Leonina appellari solet, à fabulá leonis qui, factis quatuor prædæ partibus, singulas sibi soli vindicavit. Sic socius, qui totum lucrum sibi tolleret (2).

De sociorum obligationibus.

Quùm societas *totorum bonorum* est, obligationes et onera quorumque sociorum incumbunt societati, nàm omnibus fruitur bonis; societas autem alicujus rei omne lucrum vel damnum quod ex negotio oritur comprehendit. — Ex societatis contractu nascitur mutua obligatio, ex quá actio *pro socio* oritur, quæ directa dicitur et quá quisque socius alterum in judicium vocare potest. Actione pro socio dùm stat societas aliquando, sæpissimè autem cùm dissoluta est partes utuntur ad dividendam.

Prudentes Romani, de quo tenerentur socii disscruerunt. In omnibus bonæ fidei contractibus damnum quod ex dolo scilicet ex certo consilio nocendi oritur elui debet, at nemo tenetur casu nec vi.

Socii igitur dolo obligantur; quid de culpá et de culpá minimá dicam? Secundùm omnes jurisconsultos socii tantùm diligentiá quá

____

(1) Inst. Just. lib. III, tit. XXV.

(2) Inst. Just., lib. III, tit. XXV, § 4. Ulp. 17. 2. Pro socio 29, § 1 et 2. Paul pro socio 50.

in suorum bonorum administratione utuntur tenentur. Itaque tantùm suâ obligatur negligentiâ ; nàm socium suum qui illi confidit et ut bonum patremfamilias habet fefellit. At non *culpâ levi* socii tenentur , nàm qui socium negligentem elegit tantùm sibimetipsi imprudentiam imputare debet.

Qnibus modis solvitur societas.

Quinque modis solvitur societas : ex *personis* , ex *rebus*, ex *voluntate*, ex *actione*, ex *tempore*.

1o Ex *personis* solvitur societas unius socii morte et maximâ vel mediâ capitis diminutione ; minimâ autem capitis diminutione non solvitur (1).

Socius suis sociis alium socium citrà eorum consensum adsciscere non potest.

2o Ex *rebus* societas solvitur, cùm res pereant, aut conditionem mutaverint, aut cùm negotium societatis finiatur.

3o Ex *voluntate* solvitur , si omnes dissentiunt, vel unus dissentit ; sed is qui dissentit nec calidè nec intempestivè renuntiare debet.

4o Ex *actione* solvitur, cum vel stipulatione , vel judicio mutata est causa societatis (2).

5o Ex *tempore* tandem solvitur societas, cùm ad certum tempus pervenerit.

Tales sunt modi quos Ulpianus enuntiat. (3) Molestinus etiam diversos modos solutionis enumerat : *renuntiatione , morte , capitis minutione*, et *egestate* (4).

De actione sociorum inter se vel ergà alios

Nunc inter se , vel ergà alios sociorum actiones videamus. Qui socie-

(1) Julianus , lib XIV , Dig.
(2) Dig. 17. 2. Pro socio. 65 pr. f. Paul.
(3) Ulpien , dig. 63 , § 10.
(4) Molestin. , lib. IV , § 1 , lib. III , Regul.

tatis res administrat, adversus singulos socios repetere potest impensa omnia quæ sponte propter societatem ipse tulit, omnes socii ferre debent. Nàm, sicuti lucrum, damnum quoque commune esse oportet, quod non culpâ socii contigit. Non adstringitur, qui administrat, ad summam diligentiam; sufficit talem diligentiam in communibus rebus adhibere socium, qualem suis rebus adhibere solet. Quod fecit socius sociis exponere debet, lucrumque eis præstare et, si non extemplò reddit, usuras quoque præstare debet, non quasi usuras, sed quod sociorum interesset lucrum protinùs haberet.

Socius qui cum aliâ personâ non convenerit, ab illâ inquietari non potest, etiamsi ea cum uno ex sociis contraxerit, et invicem nihil ab extraneâ repetere potest, nàm socius mei socii non est meus socius. Inter illos solùm qui convenerunt, societas existit.

Actio quæ propter societatem intenditur pro socio est, et quoque communi dividundo socios persequi quisque potest. Communi dividundo judicium ideò necessarium esse potest, quod pro socio actio magis ad personales invicem præstationes pertinet, quàm ad communium rerum divisionem.

Attamen non extinguitur pro socio actione de dolo malo, furti, vi bonorum raptorum, legis Aquiliæ actiones, cùm socii hæc delicta commiserunt.

QUÆSTIONES.

An societas apud Romanos velut persona generaliter videri possit? — Minimè.

Quomodo dividi debeat lucrum societatis, nullo pacto interveniente? — In æquas partes.

Code Napoléon.

Du Louage.

Livre III, Titre VIII.

CHAPITRE PREMIER.

DISPOSITIONS GÉNÉRALES.

CHAPITRE II.

Du louage des choses.

Section Ire.

Des règles communes aux baux des maisons et des biens ruraux.

(Loi du 23 mars 1855 *sur la Transcription*, art. 2, §§ 4 et 3, art. 3.)

CHAPITRE PREMIER.

DISPOSITIONS GÉNÉRALES.

Le contrat de louage est une convention par laquelle une personne s'oblige à faire avoir à une autre l'usage et la jouissance d'une chose

2

(objet ou travail) moyennant une rétribution en argent que l'autre s'oblige à lui payer. Cette définition est à peu près celle que donne le Code Nap., art. 1709 ; seulement la définition du Code ne parle que du louage des choses. Il résulte de la nôtre : 1º que le contrat est consensuel ; 2º qu'il est à titre onéreux ; et 3º synallagmatique. Voilà les trois caractères du contrat de louage. Ses éléments essentiels sont : 1º concours de volontés ; 2º un objet ; 3º un prix en loyer. Le louage de choses offre une grande analogie avec la vente, comme cela résulte de la définition ; ce ne sont pas les ressemblances, mais les différences que nous allons mettre en saillie. Les principales différences sont : 1º dans le contrat de louage de choses ; celui qui loue s'oblige à procurer la possibilité d'user et de jouir de l'objet ; tandis que dans la vente le vendeur est libéré lorsqu'il a procuré la propriété et livré la chose. Le bailleur, au contraire, n'est pas libéré par cela seul qu'il a procuré actuellement la faculté de jouir de l'objet.

De là une *seconde différence*, c'est-à-dire que l'obligation du bailleur est successive. Dans la vente, l'acheteur promet un prix en argent qui est dû une fois pour toutes, dès que la propriété est transférée ; le locataire, au contraire, n'est obligé de payer le loyer qu'en proportion de la jouissance qu'on lui procure. Il en résulte que l'art 1138, l'art. 1302, et l'art. 1624 ne s'appliquent pas ici ; au contraire, on appliquera les art. 1722, 1726 et 1769.

Troisième différence. — Dans la vente le prix consistera toujours en argent ; dans un cas particulier de louage, le prix consistera en denrées. (C'est le cas du colonat-partiaire, ou bail à métairie.)

Plusieurs auteurs ont soutenu que le locataire d'une chose acquiert un droit réel sur la chose, lorsque son contrat de bail a une date certaine antérieurement à l'aliénation que le bailleur voudrait faire de la chose. (Arg., art. 1743). Cette opinion est contraire au Droit Romain, à l'ancien Droit Français et à Pothier, que les rédacteurs du Code ont pris pour guide. Le principal intérêt est de savoir si le locataire aurait les actions possessoires ; et si par conséquent il peut plaider en son propre nom.

On compare quelquefois la constitution d'usufruit au louage des choses ; mais pour être exact, on doit comparer le mode de constitution d'usufruit avec le contrat de louage et le droit de l'usufruitier avec le droit du locataire.

1° L'usufruit peut être constitué soit par testament, soit par donation ; le droit du locataire ne peut résulter que du contrat de bail ; par conséquent, il est constitué toujours à titre onéreux.

2° Le droit d'usufruit est un droit réel, un démembrement de propriété : au contraire, le locataire a un droit personnel, sauf la controverse sur l'art. 1743.

3° Le propriétaire ne s'oblige pas à faire jouir l'usufruitier. L'usufruitier prend les choses dans l'état où elles se trouvent (art 600). L'usufruitier ne peut pas demander que le propriétaire entretienne la chose en bon état ; au contraire, le locataire a le droit d'exiger que la chose soit mise en bon état.

4° L'usufruitier est tenu de supporter toutes les réparations d'entretien, le locataire n'est tenu que des réparations locatives. (Art. 1754).

5° Si l'usufruitier a acquis à titre onéreux, il doit son prix une fois pour toutes, et supporte les risques de la chose ; le locataire de choses n'est tenu que pour le temps durant lequel il a joui.

6° L'usufruitier est tenu de donner caution ; le locataire n'y est pas tenu, à moins de clause contraire.

7° L'usufruitier universel ou à titre universel constitué par donation ou testament, contribue au paiement des dettes de son auteur ; il n'en est pas ainsi du locataire (Comparez art. 610, 611 et 612).

8° L'usufruitier d'un immeuble a les actions confessoires et possessoires ; le locataire n'a pas d'action possessoire, ni réelle.

Quant aux modes d'extinction, l'usufruit finit par la mort de l'usufruitier ; le droit du locataire se transmet à ses héritiers. (Art. 617 comparé à l'art. 1742).

L'usufruit finit par la perte de la substance ; au contraire, tant que la chose n'a pas péri totalement, le locataire peut la conserver (art. 1724).

Le vendeur d'usufruit a un privilége sur la chose vendue ; le bailleur a un privilége sur certains meubles (art. 2102 1o 4e alinéa).

Le louage des choses se subdivise en plusiéurs espèces :

Louage de maison, il s'appelle bail à loyer ; louage d'héritages ruraux, il s'appelle bail à ferme. La loi a compris à tort dans le louage le bail à cheptel, qui se rapproche beaucoup plus du contrat de société (1). Il n'y a qu'un cas où le cheptel est un contrat de louage (art. 1821 à 1824).

En admettant la terminologie même du Code, on voit que les rédacteurs se sont contredits. Dans l'art. 1708, ils distinguent deux genres de louage ; puis, dans l'art. 1711, ils déclarent subdiviser ces deux genres en plusieurs espèces, et parmi ces espèces ils comptent le bail à cheptel. Voilà la marche qu'ils promettent de suivre ; mais ils ne l'ont pas suivie ; car, au lieu de faire du cheptel une espèce de l'un des deux genres précédents, ils en ont fait un nouveau genre.

La définition de l'art. 1710 est parfaitement exacte. Elle est ainsi conçue : « Le louage d'ouvrage est un contrat par lequel l'une des parties s'engage à faire quelque chose pour l'autre, moyennant un certain prix que celle-ci s'oblige à lui payer (2). »

Elle substitue une idée vraie à une idée erronée qui résultait de l'ancienne jurisprudence, où l'entrepreneur était considéré comme un locataire. C'est sur la proposition du Tribunat, qu'on a corrigé l'article du projet qui reproduisait la tradition erronée de l'ancienne doctrine. Le Tribunat a fait remarquer que le contrat de louage d'ouvrage n'était qu'un genre de contrat de louage, et que par conséquent tous les éléments qui se rencontrent dans la définition du contrat de louage en général devaient se rencontrer dans le contrat d'ouvrage. Or, dans le contrat de louage en général, il y a deux parties qui jouent un rôle essentiellement distinct : l'une s'oblige à procurer la jouissance de quelque

---

(1) *Voyez* Marcadé, sur l'art. 1711.

(2) Cette définition rappelle la 22 de Paul, au Digeste, *locati conducti* (liv. XIX, tit. II.) *Quotiens autem faciendum aliquid datur, locatio est.*

chose (objet réel ou service), l'autre partie s'engage à payer un certain prix. Puisque ces deux parties ont un rôle distinct, il faut les caractériser par des dénominations fixes. Il faut donc appeler locateur celui qui promet la jouissance d'une chose ou d'un service, et locataire ou preneur celui qui promet un prix ou loyer. De cette manière on ne s'exposera pas à intervertir le rôle des parties, et les dénominations seront conformes à la réalité des choses. C'est d'après ces observations de bon sens qu'a été faite la rédaction définitive de l'art. 1710.

CHAPITRE II.

Du louage des choses.

SECTION Ire.

Des règles communes aux baux des maisons et des biens ruraux.

Louage des choses.

Par louage des choses, on entend principalement celui des maisons, des meubles et des fermes.

On peut, en général, louer toutes sortes de biens, meubles ou immeubles. Les droits d'usage, d'habitation et quelques autres, qui sont essentiellement personnels, ne peuvent cependant pas être l'objet du louage.

Le bail à loyer et le bail à ferme ont des règles qui leur sont communes, et d'autres qui leur sont propres.

SECTION II.

Des règles communes aux baux des maisons et des biens ruraux.

Cette section a principalement pour objet : 1o la preuve du bail et de son prix ; 2º les obligations du bailleur ; 3º les obligations du preneur ; 4º la fin du bail.

§ 1. — *Preuve du bail et de son prix.*

On peut louer verbalement ou par écrit (1714, Cod. Nap.). En effet, le contrat de louage reçoit sa perfection de l'accord des parties sur la chose et sur le prix.

Si le bail fait sans écrit n'a encore reçu aucune exécution et que l'une des parties le nie, la preuve ne peut être reçue par témoins, quelque modique que soit la somme ; le serment peut seulement être déféré à celui qui nie le bail (Cod. Nap., 1715). On conçoit aisément qu'il en soit ainsi, car s'il en était autrement, il y aurait, à ce sujet, une foule de procès qui souvent deviendraient ruineux, surtout pour le bailleur qui n'a à louer qu'un petit objet : aussi M. Joubert s'exprime ainsi à ce sujet, après s'être demandé si, d'après les règles générales sur les contrats, il ne faudrait pas accueillir la preuve testimoniale sur ce point ; il dit : « Notre projet le défend et cette innovation nous a paru » extrêmement sage ; surtout elle sera utile pour cette classe nombreuse » qui ne peut louer que des objets d'une valeur modique ; un procès » est une ruine, il faut tarir la source de ces procès en prescrivant dans » cette matière la preuve testimoniale. »

M. Taulier dit : Je crois avec raison, que la partie qui nie le bail ne peut être interrogée sur faits et articles ; de même aussi, le bail étant nié par une partie, l'autre partie ne pourra invoquer la preuve testimoniale en alléguant qu'il existe un commencement de preuve par écrit.

La preuve testimoniale ne sera pas admissible lorsque le bail étant avoué, la contestation porte seulement sur sa durée ou sur des conditions accessoires. Alors même qu'il y aurait un commencement d'exécution, on ne pourra prouver par témoins.

S'il y a contestation sur le prix, le propriétaire sera cru sur son affirmation, corroborée par le serment ; il a le plus grand intérêt à être loyal et sincère, car il nuirait autrement à son crédit et s'exposerait à ne plus trouver de colon ou de locataire. Du reste, le premier peut et a le droit de faire nommer des experts qui décideront de la valeur de la location ; si l'expertise donne raison au bailleur, le locataire supportera tous les frais.

§ 2. — *Des sous-locations et cessions de bail.*

Le preneur a le droit de sous-louer et même de céder son bail à un autre, si cette faculté ne lui a pas été interdite.

Elle peut être interdite pour le tout ou partie.

Cette clause est toujours de rigueur (Cod. Nap. 1717). Le preneur d'un bien rural qui partage les fruits avec le propriétaire, ne pourra jouir de cette faculté que tout autant qu'elle lui aura été expressément accordée.

La défense de sous-louer emporte évidemment avec elle la défense de céder un bail.

C'est toujours le preneur, devenu bailleur, qui reste responsable vis-à-vis d'un premier bailleur.

Le sous-preneur peut exiger du sous-bailleur qu'il délivre la chose en bon état (art. 1720 Cod. Nap.). Le cessionnaire, au contraire, prend les choses dans l'état où elles se trouvent.

Le sous-preneur n'a pas d'action contre le bailleur ; le cessionnaire, lui, a recours contre le bailleur.

§ 3. — *Des obligations du bailleur.*

Le contrat de louage, par sa nature et sans qu'il soit besoin d'aucune stipulation particulière, impose diverses obligations au bailleur.

Ainsi le bailleur est tenu de délivrer la chose en bon état, de réparations de toute espèce, afin qu'elle soit propre à l'usage qu'en veut faire le preneur (art. 1719-1720 Cod. Nap.). La chose doit être livrée avec tous ses accessoires. Les droits de chasse et de pêche sont considérés comme tels.

La délivrance est aux frais du bailleur, et les frais d'entrée en jouissance resteront à la charge du preneur.

Si le bailleur refuse de délivrer la chose, le preneur pourra se faire autoriser à entrer en jouissance par justice ; il pourra même obtenir des dommages-intérêts. Si le bailleur ne peut délivrer la chose par suite de sa perte, le contrat sera regardé comme non avenu.

Si la chose périt en partie, le preneur a le droit de résilier le bail, ou bien de maintenir le bail en faisant déterminer par ventilation le prix qu'il doit payer (1601 Cod. Nap.).

Le bailleur doit entretenir la chose et y faire toutes les réparations autres que celles appelées locatives (1719-1720 Cod. Nap.).

Il doit garantie au preneur de tous les défauts et vices de la chose louée, alors qu'il ne les avait pas connus (Cod. Nap. 1721).

S'il résulte des vices ou défauts de la chose quelque perte pour le preneur, l'art. 1721 Cod. Nap. oblige le bailleur à l'indemniser. En effet, si un bâtiment venait à s'écrouler, pendant le bail, par suite du défaut d'entretien ou vice de construction, par exemple, le bailleur serait tenu d'indemniser le preneur de la perte de ses meubles (1386 Cod. Nap.).

Le bailleur est obligé de faire jouir d'une manière entière et paisible le preneur pendant toute la durée du bail (1719 Cod. Nap.). Néanmoins il n'est pas tenu du trouble qui serait apporté par voie de fait à la jouissance du preneur (1725 C. Nap.).

Si le preneur est troublé par une action dirigée contre la propriété de l'objet dont il jouit, il doit indiquer le bailleur et il sera mis hors d'instance ; si le bailleur gagne son procès , le preneur jouira paisiblement (*cessante causâ cessat effeetus*), et s'il a défendu lui-même les intérêts du bailleur, il pourra se faire rembourser ses dépenses ; si le bailleur succombe, le preneur sera évincé ; si l'éviction est totale, il pourra résilier le bail ; si l'éviction n'est que partielle, il optera : il continuera le bail ou bien il le fera résilier comme précédemment (1636 — 1726 C. Nap.)

« Si durant le bail, dit l'article 1724 du Code Nap., la chose

» louée a besoin de réparations urgentes et qui ne puissent être différées
» jusqu'à sa fin, le preneur doit les souffrir, quelque incommodité
» qu'elles lui causent, et quoiqu'il soit privé, pendant qu'elles se font,
» d'une partie de la chose louée.

» Mais si ces réparations durent plus de quarante jours, le prix du
» bail sera diminué à proportion du temps et de la partie de la chose
» louée dont il aura été privé.

» Si les réparations sont de telle nature qu'elles rendent inhabitable
» ce qui est nécessaire au logement du preneur et de sa famille, celui-
» ci pourra faire résilier le bail. »

Le bailleur, pendant toute la durée du bail, ne peut changer la
nature et la manière d'être de la chose louée, il doit la laisser comme
le preneur l'a prise (1723 Cod. Nap.) En d'autres termes, il ne doit rien
faire qui puisse nuire aux droits qn'a le preneur sur la chose louée. Mais
peut-il louer une partie de sa maison à des ouvriers dont le voisinage
est bruyant ou incommode? Evidemment oui, car il exerce seulement
un droit de propriétaire, et en définitive, ce n'est qu'un inconvénient
auquel il soumet le preneur.

« Si la chose louée périt en totalité pendant la durée du bail, il est
» résolu de plein droit ; si elle n'est détruite qu'en partie, le preneur
» peut, suivant les circonstances, demander, ou une diminution de
» prix, ou la résiliation même du bail ; dans l'un et l'autre cas, il n'y
» a lieu à aucun dédommagement. » (1722 Code Nap.)

Si, au lieu de périr, la chose venait à être augmentée, le preneur
aurait le droit de jouir de cet accroissement, toutefois en payant un
prix proportionnel à l'augmentation survenue par cas fortuit.

Telles sont les obligations principales du bailleur ; voyons celles du
preneur.

§ 4. — *Obligations du preneur.*

Le preneur doit jouir de la chose louée en bon père de famille,
c'est-à-dire comme un propriétaire soigneux et attentif ; ainsi le loca-

taire d'un cheval ne doit pas le surmener ; le fermier d'une vigne doit la bien façonner. Si le preneur détériore la chose en s'en servant avec abus, le bailleur pourra se faire indemniser, et, dans certains cas, demander la résiliation du bail (Code Nap. art. 1728). Il doit respecter la destination qui a été donnée à la chose par le bail, ou qui résulte des circonstances (C. Nap. 1728 — 1729). Ainsi il ne pourrait pas convertir un appartement en *Cercle*, pas plus qu'en hôtellerie.

Il doit payer le prix aux époques fixées d'avance ; on convient quelquefois d'une seule somme pour tout le temps du louage, comme lorsqu'on loue un cheval pour trois mois, à raison de cent francs ; dans ce cas le prix doit être payé à l'expiration du louage. Si le prix est distribué en plusieurs sommes payables par chaque année, chaque semestre, trimestre, ou chaque mois, chacune des sommes doit alors être payée après l'expiration de chaque période de semestre, trimestre ou mois.

Le preneur doit rendre la chose dans l'état où il l'a reçue, moins, toutefois, ce qui a péri ou a été dégradé par vétusté ou force majeure (C. Nap. 1730). Si le preneur a eu le soin de faire contradictoirement avec le bailleur, un état ou description des lieux, c'est cette description qui règle son obligation. S'il n'a pas fait état des lieux, il est obligé de rendre la chose en bon état, parce qu'on suppose qu'il ne l'a prise que tout autant qu'elle était convenablement tenue (C. Nap. 1731). Mais cette présomption peut être détruite par la preuve contraire.

« Le preneur est tenu des pertes ou dégradations qui arrivent par le » fait des personnes de sa maison ou de ses sous-locataires (C. N. 1735). » Il répond des dégradations ou des pertes qui arrivent pendant sa » jouissance, à moins qu'il ne prouve qu'elles ont eu lieu sans sa faute. » (Code Nap. 1732).

Celui qui invoque un droit doit le prouver, et il le prouve en établissant le fait qui lui a donné naissance (C. Nap. 1315) ; ainsi le preneur, pour n'être tenu à aucun dommage, doit prouver que l'incendie a eu lieu par suite d'un fait dont il n'est pas responsable. Mais il ne le prouvera qu'en établissant que l'incendie est arrivé : 1° par cas fortuit ; 2° par vice de construction ; ou bien 3° en prouvant que le feu est arrivé par une maison voisine. S'il y a plusieurs locataires, tous sont solidairement responsables de l'incendie, à moins qu'ils ne prouvent que le feu a pris chez l'un d'eux, auquel cas celui-là seul est tenu ; ou que quelques-uns ne prouvent que l'incendie n'a pu commencer chez eux, auquel cas ceux-là n'en sont point tenus (C. Nap. 1733-1734).

Enfin, pour terminer cette série des obligations du preneur et du bailleur à l'égard de la chose louée, disons que le preneur qui a amélioré la chose d'autrui et celui surtout qui a été obligé de faire des dépenses pour sa conservation, sera de plein droit remboursé par le propriétaire ; rien de plus juste que celui qui est tenu des pertes, soit aussi remboursé de ses dépenses, alors qu'elles ont tourné au profit de la chose qui lui est confiée.

Le bailleur a contre le preneur une action personnelle pour le paiement du prix

Il peut même exercer la contrainte par corps, dans les cas prévus par l'art. 2062 du C. Nap. (2e alinéa).

Le bailleur a un privilége sur tout ce qui garnit la maison louée ou la ferme (2102 C. Nap.). Enfin, le prix de la ferme porte intérêt à partir du jour de la demande, quoiqu'il ne soit pas dû pour toute une année (Code Nap. 1153-1154-1155).

ᛦ 5. — *Des congés, de la tacite réconduction et plus généralement de l'extinction et résiliation du bail.*

La loi distingue les baux écrits des baux non écrits. Nous dirons qu'un bail est écrit, lorsque sa durée est déterminée et limitée ; au contraire, le bail non écrit aura lieu lorsque sa durée est indéterminée.

Le bail dont la durée est indéterminée, finit par la signification du congé. Lorsque les parties n'ont pas d'avance réglé la durée du bail, elles sont censées l'avoir fait pour durer autant de temps qu'elles voudront ; aussi le congé est-il l'acte par lequel l'une des parties manifeste à l'autre l'intention de le faire cesser.

Le congé doit être donné d'avance, afin que la partie qui se retire puisse se pourvoir ailleurs ; le temps qui doit s'écouler entre le congé et la sortie varie suivant l'usage des lieux. A Paris, les délais d'usage sont de six semaines pour les loyers au-dessous de 600 fr. ; de trois mois pour ceux de 400 fr. et au dessus, à quelque somme que le loyer s'élève et bien qu'il excède 1,000 fr. Le délai doit être de six mois pleins pour le congé d'une maison entière, ou d'un corps de logis entier, ou d'une boutique donnant sur une rue.

Le bail dont la durée est limitée finit par l'expiration du temps, sans qu'il soit besoin de signification de congé. Il résulte de l'art. 1775, combiné avec l'art. 1774, que la durée des baux à ferme est toujours limitée, et qu'ainsi ils cessent de plein droit à l'arrivée du terme que leur assigne la loi.

Si, à l'échéance du terme convenu pour la cessation du bail, le bailleur n'avertit pas le preneur, il s'opère un nouveau bail pour la même durée que le précédent. Ce nouveau bail s'opère en vertu d'une convention que la loi appelle *tacite réconduction*. Ce nouveau bail ne peut être rompu qu'en vertu d'un congé donné suivant l'usage des lieux. L'art. 1739 nous dit que lorsqu'il y aura eu un congé signifié, le preneur, quoiqu'il ait continué sa jouissance, ne pourra invoquer la tacite réconduction ; mais si, après le congé, le bailleur continue à laisser jouir le preneur, alors il semblera qu'il ait renoncé à ses prétentions, et la tacite réconduction s'opérera.

Le cautionnement donné pour le premier bail ne s'étend pas aux obligations qui résultent de la tacite réconduction. En effet, la caution ne se présume pas ; il faut qu'elle soit expresse ; et puis, sait-on si la caution veut bien servir de garantie à celui qui continue la jouissance ? Il était solvable, et peut-être ne l'est-il plus. La contrainte personnelle s'éteint aussi avec le premier bail.

Le bail se termine aussi par la perte de la chose louée. En effet, le propriétaire ne pouvant plus procurer au preneur la jouissance promise, cesse dès cet instant d'avoir droit à l'équivalent de cette jouissance, c'est-à-dire au prix du louage.

Le bail finit encore par l'inexécution des engagements contractés. La partie fidèle peut demander la résiliation du bail avec dommages-intérêts; ou bien forcer l'autre partie à exécuter les conditions (Cod. Nap., art. 1184).

Enfin, le bail finit par l'annulation ou la résiliation du droit de propriété du bailleur. Le bail ne finit pas par la mort de l'une des parties contractantes ; ses engagements passent à ses héritiers (Cod. Nap. art. 1122). Mais que décider si le bailleur vient à vendre l'objet qui donne naissance au contrat?

L'article 1743 du Code Napoléon dispose que la vente de la chose louée n'entraine pas toujours l'expulsion du preneur. Si le bailleur, dit-il, vend la chose louée, l'acquéreur ne peut expulser le locataire ou le fermier qui a un bail authentique, ou dont la date est certaine, à moins qu'il ne se soit réservé ce droit par le contrat de bail. Ce principe repose sur des mesures d'utilité publique ; et pour venir à l'appui de cette opinion il suffit de citer un passage du rapport fait au Tribunat, sur le titre du louage, par le tribun Mauricault : « On croyait
» autrefois, en attribuant au nouvel acquéreur le droit d'expulsion, fa-
» voriser les ventes, et l'on décourageait les établissements d'agriculture,
» d'usines et de manufactures par cette violation des principes. Il vaut
» mieux revenir à ceux-ci et conserver à chacun ce qui lui appartient,
» ce que la convention lui promet et doit lui assurer. »

Si le preneur ne se trouve pas en jouissance au moment de la vente, l'acquéreur a-t-il le droit de l'expulser? Il me paraît évident qu'on doit même, dans ce cas, respecter ses espérances. En effet, peut-être il aurait fait des achats pour améliorer le fonds qu'il va exploiter ; peut-être aussi le fermier aura acquis des bestiaux, des engrais, des ustensiles aratoires. Est-ce qu'il n'a pas compté sur un avenir certain ? Ne serait-il pas contraire à toute justice de frustrer ses espérances? « Pourquoi, dit
» M. Jaubert, l'intérêt des tiers serait-il lésé par une vente qui leur
» est étrangère? Pourquoi un titre nouveau détruirait-il un titre pré-
» existant? Et n'est-il pas de principe qu'on ne peut transmettre à autrui
» plus de droits qu'on n'en a soi-même? Le vendeur, qui par un bail
» constaté, s'est dessaisi, pour un temps convenu, de la jouissance de
» sa chose, qui a promis de garantir cette jouissance au preneur, et dont
» l'obligation principale est, en effet, de faire jouir le preneur, peut-il
» donc vendre ou léguer à un tiers sa propriété, dégagée de cette obli-
» gation? » (Rapport au Tribunat, sur le titre du louage).

Quand l'acquéreur use du droit d'expulsion réservé par le bail , il doit des dommages-intérêts au preneur, s'il n'y a dans le contrat de dispositions à ce sujet; la loi détermine elle-même l'indemnité dans les articles ci-après : « S'il a été convenu lors du bail qu'en cas de vente l'ac-
» quéreur pourrait expulser le fermier ou le locataire et qu'il n'a été fait
» aucune stipulation sur les dommages-intérêts, le bailleur est tenu
» d'indemniser le preneur de la manière suivante (art. 1744 Cod. Nap.)

« S'il s'agit d'une maison , appartement ou boutique , le bailleur paie,
» à titre de dommages-intérêts au locataire évincé , une somme égale
» au prix du loyer pendant le temps qui , suivant l'usage des lieux , est
« accordé entre le congé et la sortie (1745 Cod. Nap.)

» S'il s'agit de biens ruraux, l'indemnité que le bailleur doit payer au
» fermier est du tiers du prix du bail pour le temps qui reste à courir
» (art. 1746 Cod. Nap.)

» L'indemnité se réglera par experts, s'il s'agit de manufactures, usi-
» nes ou autres établissements qui exigent de grandes avances (1747
» Cod. Nap.)

» L'acquéreur qui veut user de la faculté réservée par le bail d'ex-
» pulser le locataire ou fermier en cas de vente , est , en outre, tenu
» d'avertir le locataire au temps d'avance fixé par l'usage des lieux pour
» les congés ; il doit aussi avertir le fermier de biens ruraux au moins
» un an à l'avance (1748 Code Nap.)

» Les fermiers ou locataires ne peuvent être expulsés qu'ils ne soient
» payés par le bailleur , ou, à son défaut, par le nouvel acquéreur,
» des dommages-intérêts ci-dessus expliqués (art. 1749 Cod. Nap.)

» Si le bail n'est pas fait par acte authentique , ou n'a pas de date
» certaine, l'acquéreur n'est tenu d'aucuns dommages-intérêts (art. 1750
» Cod. Nap.)

» L'acquéreur à pacte de rachat , ne peut user de la faculté d'expulser
» le preneur, jusqu'à ce que, par l'expiration du délai fixé pour le réméré,
» il devienne propriétaire incommutable (art. 1751 Cod. Nap.) »

En effet, l'acquéreur à pacte de rachat n'a qu'un droit précaire et conditionnel; un jour le vendeur peut reprendre la chose: en présence de cette éventualité, il est sage et prudent de respecter la jouissance du preneur.

Loi du 25 mars 1855 sur la transcription.

Art. 2 , §§ 4 et 5 et art. 3.

La faculté accordée aux preneurs d'opposer leur bail aux tiers acquéreurs de l'immeuble loué ou affermé offrait des dangers sérieux. La loi du 23 mars 1855 les a fait disparaître presque entièrement en faisant cesser en partie un état de choses aussi injuste. Elle veut , en effet :

1o Que les baux *dont la durée dépasse dix-huit ans* soient portés à la connaissance des tiers par la voie de la transcription. Ceux qui n'ont pas été transcrits ne leur sont opposables que pour dix-huit ans au plus. Soit donc l'espèce suivante : bail de trente-six ans ; vente de l'immeuble. Dans quelle limite ce bail sera-t-il opposable à l'acheteur? Pour *toute sa durée,* s'il a été transcrit soit avant la vente, soit même après, pourvu que sa transcription ait précédé celle de la vente ; pour dix-huit ans au plus , s'il n'était pas transcrit alors que la vente a été transcrite.

2o Que les paiements de loyers et fermages *non encore échus* ou les cessions de ces mêmes loyers et fermages soient transcrits lorsque la quittance ou la cession est d'une somme équivalente à *trois années* de loyer ou fermages non échus. Au-dessous de cette somme la transcription n'est pas nécessaire; mais à l'inverse , dès que la somme payée ou cédée est équivalente à trois années, la transcription est exigée, même pour les baux dont la durée n'excède pas dix-huit ans (Art. 2—5o et 3 de la loi citée.)

QUESTIONS.

I. Le preneur d'immeuble a-t-il un droit réel , immobilier? — Non.

II. Dans le cas de l'art. 1715, la preuve testimoniale sera-t-elle admise en présence d'un commencement de preuve par écrit? — Non.

Droit Commercial.

Des associations en participation.

Le Code de Commerce présente sur ce point une bien grande lacune. Préciser d'après le texte de la loi qui est et doit être le guide du jurisconsulte, les distinctions des caractères et des effets des associations en participation, serait bien difficile. Aussi un vaste champ est ouvert aux conjectures, et les systèmes qui naissent toujours des imperfections de la loi ont apparu de tous côtés. Leurs habiles partisans ont essayé à l'aide de vives et sérieuses controverses de faire prévaloir leurs diverses opinions.

Il est fâcheux, et surtout pour le commerce qui ne vit guère de fictions, mais ne se maintient au contraire qu'à l'aide de données certaines, qu'une seule partie du Code, qui doit réglementer ces opérations commerciales, offre tant d'incertitudes et de controverses. Il n'y a pas en effet, en droit commercial, de point plus controversé que celui qui consiste à préciser le caractère des associations en participation.

La Cour de Cassation a décidé qu'en l'absence de dispositions légales, le point de savoir si une société commerciale constitue une simple participation, ou une société en *nom collectif*, est une question dont l'appréciation appartient exclusivement au juge du fait. Cette décision nous montre parfaitement que la Cour de Cassation elle-même, ne trouvant pas dans le texte de la loi des motifs assez puissants , n'a pas voulu se prononcer d'une manière positive sur l'interprétation des art. 47 , 48, 49 et 50 , qui nous parlent des associations en participation sans en donner aucune définition qui nous permette d'en préciser le caractère. Voici en quels termes est rédigé l'art. 47 : « Indépendamment des trois » espèces de sociétés ci-dessus, la loi reconnaît les *associations commer-* » *ciales en participation.* »

C'est pourquoi nous croyons nécessaire d'étudier les deux systèmes principaux sur cette question , de les comparer en nous rapportant aux faibles ressources de la loi en cette matière , et après un examen rapide, faire connaître notre option pour l'un et l'autre des deux.

C'est précisément sur le caractère à assigner à l'association en participation que les systèmes se sont élevés. De là diverses définitions sur cette espèce d'associations.

Quelques auteurs ont dit : Il n'y a association commerciale en participation que lorsque l'association a pour but un objet limité à une ou plusieurs opérations de commerce (art. 48). Dans la société en nom collectif, au contraire, on ne spécialise pas le nombre d'opérations de commerce en vue desquelles la société s'est formée. Mais, en généralisant, on se borne à dire qu'on s'est associé pour faire le commerce. Ainsi donc ce serait d'après le nombre d'opérations faites ou à faire que telle ou telle association serait oui ou non dite association en participation.

Une telle opinion peut facilement être combattue. En effet, quel est le genre de commerce qui ne dépend que du nombre d'affaires qu'il peut amener? Un commerçant quelconque peut-il prévoir l'issue d'une ou plusieurs affaires qu'il entreprend? Dans une société commerciale peut-on faire dépendre le succès de cette société d'une condition aussi arbitraire , sans laquelle, le plus souvent à l'insu des associés , le caractère de la société se trouve totalement changé ?

D'après l'art. 48 , disent les partisans de ce système, les associations en participation sont relatives à une ou plusieurs opérations de commerce;

4

et d'une énonciation aussi implicite, ils semblent vouloir prétendre que l'idée de délimitation est manifeste dans le texte de la loi. L'art. 48 est ainsi conçu : « Les associations en participation sont relatives à une ou » plusieurs *opérations de commerce*, elles ont lieu pour les objets dans » les formes, avec les proportions d'intérêt et aux conditions conve- » nues entre les participants. » Rien au contraire, à mon avis, ne donne plus de latitude et d'extension, quant au nombre des opérations commerciales en vue desquelles semble s'être formée l'association en participation, que les termes eux-mêmes de l'article. Cet *objet limité*, disent-ils, est encore indirectement exigé par l'art. 20 du même Code, qui vient constituer le caractère des associations en participation. D'après cet article la société en nom collectif n'est plus celle qui est relative à plusieurs opérations de commerce, mais bien celle qui a pour objet de faire le commerce sous une raison sociale. De ce que les rédacteurs du Code n'ont pas dit telle chose, peut-on s'en prévaloir pour leur prêter l'intention d'en avoir voulu dire telle autre ? En suivant de pareils raisonnements, on parvient à se convaincre que les partisans de ce premier système ont confondu la société en nom collectif avec l'association en participation. Ce qui le prouve suffisamment, c'est que, apercevant le piège où ils allaient tomber, quelques auteurs ont ingénieusement distingué trois sortes d'associations en participation, savoir : 1o l'association en participation collective ; 2o les comptes en participation ; 3o la participation en commandite.

Nous ne saurions ainsi admettre comme franche une opinion qui ne se maintient qu'à l'aide de distinctions sans nombre qu'elle oppose à ses antagonistes.

D'après le deuxième système, qui nous paraît plus logique, il résulterait que le caractère distinctif de l'association en participation ne consiste pas dans le nombre des opérations commerciales, mais bien dans la convention des parties qui porte que les opérations seront faites sous le nom de l'une d'elles et non pas en nom commun. En effet, d'après ce système on reconnaît d'abord une grande distinction entre la société en nom collectif, qui existe toutes les fois que les associés livrent leur nom au public, et l'association en participation qui a lieu toutes les fois que les rapports résultant de la société devront se concentrer entre les associés.

Comme nous l'avons déjà dit, puisque les partisans du premier système ne considèrent pas comme de l'essence de l'association en participation que les opérations soient faites sous le nom d'une seule personne, alors elles seront faites au nom de tous les associés, ou du moins sous une raison sociale. La raison sociale entraîne avec elle l'idée de personne juridique, comme les autres sociétés commerciales, qui par cela seul sont sujettes à certaines formalités de publicité prescrites par la loi, tandis que l'association en participation, contrat purement consensuel, peut se former au moyen du simple concours des volontés, et est dispensé, d'après l'art. 50 Code de Commerce, des formalités prescrites pour les sociétés en nom collectif, avec lesquelles certains auteurs semblent l'avoir confondue.

D'ailleurs, d'après l'historique de l'association en participation et comme nous le dit Savary : « elle portait autrefois le nom de société anonyme, parce qu'elle est sans nom et qu'elle n'est connue de personne, *comme* » n'important en façon quelconque au public. »

Ainsi donc, en suivant le deuxième système, nous dirons que les associations en participation ne forment pas des êtres juridiques et qu'elles n'ont ni *nom* ni *domicile*. Les tiers ne sont en rapport qu'avec une des personnes de la société qui traite avec eux, et de là découle aussi naturellement le privilége accordé à ce genre d'association par l'art. 50 Code de Commerce.

Ici se présente une difficulté que l'on pourrait facilement nous objecter : assurément, nous dira-t-on, vous reconnaissez que puisqu'il n'y a qu'une seule partie qui soit connue des tiers, il est parfaitement inutile d'exiger une raison sociale pour la transaction des affaires de la société; mais comment, dans les rapports des associés entre eux, pourrez-vous savoir, quand est-ce qu'ils entendent former une simple association en participation ou bien créer une société en nom collectif? Nous répondrons à cela d'après les sages conseils de notre savant professeur , M. Dufour. Le législateur et la jurisprudence ne nous ont tracé, il est vrai , aucune règle à suivre sur ce point ; mais voici d'après l'opinion de M. Dufour , ce qu'il serait le plus convenable d'admettre dans la pratique :

Lorsque les parties semblent moins s'être choisies , qu'elles n'ont été invitées par l'affaire à s'unir , il y aurait simple association en participation ; de plus, comme dans les sociétés ordinaires on tend à augmenter le crédit par la multiplication des personnes , il faut admettre que ceux qui n'ont pas besoin de crédit, ont entendu se réduire au rapport du contrat.

Quelles seront donc les obligations qui résulteront de l'association en participation? Vis-à-vis des tiers contractants , aucune ; puisque de ce que nous venons de dire , il résulte que cette association n'a pas d'existence extérieure, et que les tiers ne connaissent qu'une seule des parties, celle qui a traité avec eux ; mais en ce qui touche les rapports des associés entre eux, nous croyons devoir appliquer les principes généraux des obligations ; nous dirons même que ces obligations devront être plus ou moins rigoureuses, suivant le plus ou moins de durée de la société.

De ce que l'association en participation ne forme pas par elle-même un être de raison , qu'elle n'est pas considérée comme une personne juridique, il résulte que la propriété des mises n'est pas confondue, que tout est individuel, et que, bien que les associés puissent avoir des biens communs, ces biens n'appartiennent jamais à un être de raison.

De ce que par le contrat dans lequel les associés ont convenu que les opérations seront faites sous le nom de l'un d'eux et non pas en commun (ce qui est le caractère distinctif de l'association en participation, et qui fait que les tiers ne connaissent en rien la société , mais uniquement cette personne déléguée par la société), il résulte également en principe, et selon l'opinion de M. Dufour, que ceux qui ont traité avec l'agent extérieur de la société , sont autorisés à le considérer comme maître absolu des objets compris dans ladite société, à moins toutefois que cet agent ne se soit produit comme l'*institor* des personnes qui lui ont confié leur mandat.

QUESTIONS.

I. L'association en participation est-elle une personne morale ? — Non.

II. Les tiers ont-ils action directe contre les associés qui n'ont pas contracté avec eux ? — Non, en général.

Droit Administratif.

Quelles sont, en matière de contributions directes, les juridictions grâcieuse et contentieuse chargées de donner les solutions qu'exigent les espèces particulières?

La juridiction administrative se divise en *juridiction grâcieuse, juridiction contentieuse* et *juridiction mixte.*

Les diverses espèces qui peuvent se présenter en matière de contributions directes, et qui doivent, suivant leur nature, être portées devant tel ou tel tribunal administratif ne se référant qu'aux deux premières classes de juridiction, nous croyons devoir définir le *gracieux* et le *contentieux* et en préciser les caractères.

La *juridiction grâcieuse* est celle qui connaît des demandes qui ne peuvent offrir à leur appui qu'un intérêt spécial, particulier, et qui ne peuvent se prévaloir d'aucun droit, ni droits acquis. Aussi dirons-nous que devant la juridiction grâcieuse on sollicite plutôt qu'on ne demande, et qu'elle accorde plutôt qu'elle ne fait droit.

La *juridiction contentieuse* est le recours accordé à toute personne qui aurait à se plaindre de la violation de droits, ou droits acquis, par certains actes administratifs. Rappelons à cet égard la formule du contentieux administratif donné par M. Chauveau , à l'aide de laquelle il ne peut y avoir d'équivoque : « *Le caractère dominant et distinctif du* CON- » TIEUX ADMINISTRATIF *se résume en cette proposition : l'intérêt spécial , émanant de l'intérêt général, discuté, en contact avec un droit privé.* »

Toute matière administrative, suivant les diverses espèces qu'elle présente, dépend de l'une ou de l'autre des juridictions grâcieuse ou contentieuse. Aussi au grâcieux, comme au contentieux, appartient de donner certaines solutions à l'égard des *contributions directes.*

Les contributions s'exercent sur les citoyens en raison, soit de l'importance de leurs patrimoines, soit de la nature de leur commerce et de leurs industries. De là diverses quotités à établir, et à l'égard desquelles les contribuables qui doivent les supporter sont admis, dans certains cas, à en appeler à la juridiction grâcieuse, soit du préfet, soit du ministre, soit de l'Empereur. Dans d'autres cas, au contraire, ils doivent attaquer par la voie contentieuse ces mêmes contributions qui leur ont été imposées.

Ainsi donc le contribuable seul est admis à élever des réclamations. Nous pourrions cependant mentionner l'article 2 de la loi du 10 mai 1838 qui fait exception à ce principe, car les termes mêmes de cet article excluent la possibilité d'un recours contentieux de la part des communes.

De la juridiction gracieuse.

§ 1. — *Des Préfets.*

Il existe des fonds de non valeur qui sont mis à la disposition des préfets, pour les distribuer soit aux contribuables , soit aux communes , dont les réclamations leur paraissent fondées , soit enfin aux concessionnaires de mines à l'occasion de la redevance à laquelle ils auraient pu être assujettis dans des proportions trop élevées. On comprend aisément que les préfets aient été chargés de pareilles attributions , car eux, plus que personne , sont censés connaître les besoins et les exigences qui surviennent aux industriels ou aux propriétaires du département qu'ils administrent; ou tout au moins les renseignements à se procurer leur sont-ils plus faciles. — Afin d'éviter l'énumération nombreuse des cas dans lesquels la juridiction gracieuse des préfets est compétente en pareille matière, nous dirons que la plus grande partie des espèces qui peuvent se présenter sont soumises aux préfets. En général leur compétence s'étend à toutes les demandes en remises ou modérations motivées.

Au sujet de la vacance des habitations soumises à l'impôt sous l'empire de la loi du 3 frimaire an VIII, les vacances d'habitation pouvaient donner lieu à des demandes en décharge ou réduction. D'après l'article 84 de cette loi, les maisons inhabitées pendant toute l'année devaient être cotisées seulement à raison du terrain qu'elles enlevaient à la culture, et par conséquent le contribuable était en droit de réclamer par la voie contentieuse, lorsque la cotisation frappait la maison elle-même ou les portes et fenêtres. Mais la loi du 15 septembre 1807, art. 38, a fait rentrer ces sortes de réclamations dans la classe des demandes en remise ou modération.

§ 2. — Ministre.

Le ministre, dans ses attributions grâcieuses, après avoir fait entre les divers départements les répartitions du fonds commun destiné à couvrir les non-valeurs des diverses contributions directes, approuve les diverses distributions que les préfets auraient faites entre les contribuables. L'ordonnance du 3 octobre 1821, art. 14, attribuait au préfet de fixer l'indemnité des agents de la direction des contributions directes pour la confection des états de sections et matrices des rôles ; mais il résulte des instructions ministérielles relatives au cadastre que les arrêtés du préfet sont soumis à l'approbation du ministre : c'est donc le ministre qui fait en réalité ce réglement.

§ 3. — Empereur.

L'Empereur au gracieux, approuve les réglements faits par les préfets sur les frais de contrainte, garnissaires, commandements et autres poursuites en matière de contributions directes. Cependant dans la pratique ou s'est borné à une simple approbation ministérielle ; l'approbation de l'Empereur nous paraîtrait offrir plus de garanties.

De la juridiction contentieuse.

§ 1er. — *Ministre.*

Au premier degré nous trouvons le ministre qui, en matière de contributions directes, est compétent de droit commun au *contentieux* pour toutes les espèces qui le concernent, après instructions des préfets. Ainsi il sera compétent pour le réglement des frais de vérification et d'experts ; pour les réclamations au sujet des billets de logements militaires de la part des habitants d'une ville, etc., etc, etc. (Voyez page 377 , *Principes de juridiction et de compétence ,* de M. Chauveau.)

§ 2. — *Conseils de préfecture.*

Nous voyons ensuite le conseil de préfecture dont la compétence est établie par l'art. 4 de la loi du 28 pluviose an VIII et qui porte : « Le conseil de préfecture prononcera sur les demandes des particuliers tendant à obtenir la décharge ou la réduction de leur cote de contributions directes.

Remarquons ici la différence qui existe entre la décharge et la réduction (dans lesquelles rentrent la mutation et la division des cotes) avec les remises et modérations. Les premières en effet sont demandées à *titre de droit* et produisent une *discussion contentieuse* soumise à la compétence des *conseils de préfecture ,* tandis que les remises ou modérations sont de *pure faveur ,* et appartiennent, comme nous l'avons fait observer plus haut , à la juridiction *gracieuse des préfets.* Ainsi donc, si le conseil de préfecture connaissait d'une demande en remise ou modération, il commettrait un excès de pouvoir.

§ 3. — *Du Conseil-d'Etat.*

Nous arrivons enfin au 2me degré de juridiction contentieuse , qui est le conseil-d'Etat. C'est le tribunal supérieur administratif. Nous n'avons à le considérer ici que comme tribunal d'appel, et en cette qualité, il doit connaître de tous les pouvoirs intentés, soit contre les décisions ministérielles, rendues en matière contentieuse, soit contre les arrêtés du conseil de préfecture, et enfin contre toutes les décisions de n'importe quel tribunal administratif ou contentieux.

Cependant, nous dirons aussi que le recours au Conseil-d'Etat par voie contentieuse est valable, lorsqu'il s'agit d'un arrêté rendu en matière gracieuse, lorsque par cet arrêté l'agent administratif a commis un ex-cès de pouvoir, ou était incompétent pour statuer.

Nous croyons devoir décider dans le même sens pour les cas où l'autorité compétente a méconnu ses pouvoirs et a refusé de prononcer sur une matière qui est placée dans ses attributions.

QUESTIONS.

I. Le Conseil de préfecture est-il compétent pour statuer sur le point de savoir si un contribuable a encouru la déchéance faute d'avoir réclamé dans les délais ? — Oui.

II. Les conseils de préfecture sont-ils compétents pour connaître des demandes en décharge ou de réduction des taxes communales ? — Oui.

Cette Thèse sera soutenue en séance publique, le 19 janvier 1860, dans une des salles de la Faculté.

Vu par le Président de la Thèse,

Gustave BRESSOLLES.

Toulouse, Imp. Troyes OUVRIERS RÉUNIS, rue St-Pantaléon, 3.